Auerhahn
Wolf
Europa
Asien
Vogel
Uhu
Esel
Yak
Kamel
Tiger
Panda
Dromedar
Pfau
Elefant
Orang-Utan
Giraffe
Elefant
Krake
Australien
Koala
Känguru
Kakadu
Pinguin
Antarktis

Konzeption

Die Tiergeschichten mit Mia und Mio bieten spannende und abwechslungsreiche Lesegeschichten mit dem farbigen Silbentrenner. Die Tiergeschichten sind ein ideales Lesefutter für starke und schwache Kinder in Klasse 1 und Klasse 2. Sie können gezielt und differenziert zur Förderung eingesetzt werden, weil sich von Band 1 bis Band 10 das Buchstabenrepertoire und die Textmenge mit jeder Geschichte vergrößert. Eine Übersicht über die verwendeten Buchstaben finden Sie jeweils auf der Umschlagrückseite.

Die Arbeitsblätter (Kopiervorlagen) ermöglichen zusätzliche Textarbeit. Die Tiergeschichten sind als Klassenbibliothek angelegt und eignen sich, dank der stabilen Verarbeitung, auch zur Mitnahme nach Hause.

Ausgangspunkt sind die Ankertiere aus dem Lehrgang ABC der Tiere. Zu jedem Ankertier liegt eine Tiergeschichte vor. Die Ankertiere dienen zur Einführung von Buchstaben und Lauten. Bei der Auswahl der Ankertiere war entscheidend, dass die Namen eine möglichst genaue Artikulation fördern und fordern oder die Laute eindrücklich symbolisiert werden.

Die Namen der Ankertiere können auch sehr gut für das Silbenklatschen eingesetzt werden. Die Ankertiere haben nicht die Funktion einer Anlauttabelle. Deshalb beginnen die Namen der Ankertiere nicht in allen Fällen mit dem entsprechenden Buchstaben bzw. Laut. Die Reihenfolge der Einführung der Buchstaben und Laute orientiert sich an der Silbenfibel®. Dabei wurde auf zwei Punkte geachtet:

- Durch die Reihenfolge der Einführung werden Verwechslungen vermieden.
- Die Leseanfänger haben zu Beginn ein möglichst einfaches Buchstabenrepertoire. Erst mit steigender Leseleistung werden schwierigere Buchstaben und Laute eingeführt.

Die Tiergeschichten wurden so angelegt, dass jeweils nur das Buchstabenrepertoire verwendet wird, das bis zu einer bestimmten Silbenfibel®-Seite eingeführt ist. Die Tiergeschichten können gelesen werden:
Band 1 ab Silbenfibel®-Seite 46/47,
Band 2 ab Silbenfibel®-Seite 48/49,
Band 3 ab Silbenfibel®-Seite 50/51,
Band 4 ab Silbenfibel®-Seite 52/53,
Band 5 ab Silbenfibel®-Seite 56/57,
Band 6 ab Silbenfibel®-Seite 60/61,
Band 7 ab Silbenfibel®-Seite 64/65,
Band 8 ab Silbenfibel®-Seite 68/69,
Band 9 ab Silbenfibel®-Seite 76/77 und
Band 10 ab Silbenfibel®-Seite 80/81.

Hinweis zur Rechtschreibung

Nach den Empfehlungen des Rats für deutsche Rechtschreibung werden Vokalbuchstaben am Wortanfang oder -ende nicht abgetrennt. Damit wird zwischen Schreib- und Sprechsilben unterschieden. Nach dem Konzept des Lehrgangs und zum besseren Verständnis der Wörter markieren wir weiterhin die Sprechsilben. Beispiele: Ofen, beobachten, Radio

Bezugsmöglichkeiten

Alle Titel des Mildenberger Verlags erhalten Sie unter: www.mildenberger-verlag.de oder im Buchhandel. Jede Buchhandlung kann alle Titel direkt über den Mildenberger Verlag beziehen. Ausnahmen kann es bei Titeln mit Lösungen geben: Hinweise hierzu finden Sie in unserem aktuellen Gesamtprogramm.

Tiergeschichten mit Mia und Mio

Band 1

von

Bettina Erdmann

illustriert von

Ingrid Hecht

Mildenberger

Tiergeschichten mit Mia und Mio

Tiergeschichten mit Mia und Mio	Bestell-Nr.
Band 1: Affe, Elefant, Igel, Maus, Tiger, Wal	**1402-40**
Band 2: Delfin, Fisch, Gans, Kakadu, Schildkröte	**1402-41**
Band 3: Kröte, Nashorn, Papagei, Pfau, Löwe	**1402-42**
Band 4: Auerhahn, Hase, Kühe, Reh, Uhu	**1402-43**
Band 5: Bär, Eichhörnchen, Seepferdchen	**1402-44**
Band 6: Specht, Storch, Zebra	**1402-45**
Band 7: Känguru, Orang-Utan, Schlange	**1402-46**
Band 8: Eule, Jaguar, Katze	**1402-47**
Band 9: Qualle, Vogel, Yak	**1402-48**
Band 10: Boxer, Chamäleon	**1402-49**
Band 1 – 10, Komplettbezug	**1402-50**
Arbeitsblätter zu allen Geschichten, KVs, Spiralbindung	**1402-51**

Impressum

Bestell-Nr. 1402-40
ISBN 978-3-619-14240-8

Auflage Druck 4 3 2 1
Jahr 2012 2011 2010 2009

www.mildenberger-verlag.de
E-Mail: info@mildenberger-verlag.de

Illustration: Ingrid Hecht, 30163 Hannover
Druck: Firmengruppe APPL, sellier druck GmbH
Angerstraße 54, 85354 Freising

Gedruckt auf umweltfreundlichen Papieren

Inhalt

Der kleine Elefant

Es ist Samstag.
Mia und Mio dürfen fernsehen.
„Schau mal Mia, ein Film über Elefanten!“,
sagt Mio.
„Au toll!“, ruft Mia.
Die Kinder sind begeistert.

Afrika ist weit, weit weg.
Dort ist es warm – sogar im Winter.
In Afrika gibt es Elefanten.
Sie leben in Familien.

Das ist Bino.
Bino ist ein Elefantenkind.
Das sind seine Mama und seine Tante.
Der kleine Elefant mag Musik besonders gern.
Er holt Luft und bläst kräftig mit seinem Rüssel.
Das ist laut, aber lustig!,
denken die anderen Elefanten.

Bino ist am kleinen See.
Dort füllt er seinen Rüssel mit Wasser.
Und dann –
„Bino, nein!“, rufen seine Mutter und seine Tante.
Aber da ist es schon geschehen!

Alle sind nun nass.
Binos Mama ist sauer.
Die anderen Elefanten finden Bino lustig.

Die Kinder sind begeistert.
„Das war aber ein toller Film!“, sagt Mio.

Mio und Mia im Garten

Mio und Mia sind im Garten.
Die Kinder sollen Laub einsammeln.
Mia hat einen blauen Eimer.
Da soll das Laub hinein.

Unter dem Birnenbaum ist ein Blätterhaufen.
Mio will gerade in das Laub greifen –
da raschelt etwas.

„Aua! Was ist denn das?“, ruft er.
„Ein kleiner Igel!“

„Lass uns Onkel Rolf holen!“, sagt Mia.
Mio und Mia rennen los.
Da kommt Rolf den Kindern schon entgegen und fragt: „Was ist denn?“
„Onkel Rolf, komm schnell, im Garten ist ein Igel!“, ruft Mio aufgeregt.

Wenn es kalt wird, findet man oft Igel im Laub.
„Unter den Blättern ist es wärmer!“,
erklärt Onkel Rolf und fasst in das Laub.
Dann schaut er hinter den Baum.
Aber da ist kein Igel weit und breit.
„Wo ist der Igel nun?“, fragt Mio.
„Er ist weggelaufen!“, sagt Onkel Rolf.
„Mit seinen kleinen Beinen ist er schnell!“

Mia und Mio sind ein wenig traurig.
Gerne hätten sie den Igel genauer gesehen.
Da hat Mio eine Idee:
„Wir lassen die Blätter unter dem Baum.
So kann der Igel in sein warmes Lager kommen."
„Das ist eine gute Idee!", findet Mia.

Unsere kleine Maus

Im Garten lebt eine Maus.
Wir nennen sie Lili.
Lili ist klein und grau.
Sie lebt unter der Gartenmauer.
Mein Bruder Mio mag Lili.
Gerade wartet er an der Mauer.
Er will Lili sehen.
Aber Mio muss leise und
geduldig sein.

Eines Tages findet Mio eine Mausefalle.
Das muss Oma gewesen sein!
Sie hasst es, wenn Lili in unserem Keller ist.
Oma hat einen kleinen Käse in die Falle gelegt.
Das ist gemein!, denkt Mio. Arme Lili!
Behutsam nimmt er den Käse aus der Falle.
Dann geht er in den Garten hinaus und
legt den Leckerbissen auf die Gartenmauer.
Er flüstert: „Komm Lili, da ist dein Abendessen!“
Mio wartet eine Weile.

Da bemerkt Mio unseren Kater Kasimir.
Er lauert in der Nähe der Gartenmauer.
Oh nein, er will Lili fressen!

Aber da ist es schon geschehen.
Kasimir hat die Maus bereits entdeckt.
Er kommt schnell näher.
Mit seinen scharfen Krallen will er Lili fassen.
„Kasimir, geh weg!“, ruft Mio aufgeregt.

Beinahe hätte Kasimir Lili erwischt!

Aber die Maus ist schneller als der Kater.

Im Nu ist sie weg – unter die Gartenmauer.

Und Kasimir?

Der ist sauer.

Lili wäre ein leckeres Abendessen gewesen!

Tiger in Indien

Mia und Mio sollen für die Schule etwas über Tiger herausfinden.
Im Internet gibt es Bilder und Infos über Tiger.
Rasch haben die Kinder eine Seite aufgerufen.

„Wo auf der Welt leben Tiger, Mia?“, fragt Mio.
„Warte einen Augenblick“, sagt Mia.
Auf dem Bildschirm erscheinen einige Bilder.

Tiger gibt es in Asien, Indien oder Sibirien,
kann Mia lesen.
Man findet sie besonders oft in Wäldern.
Die Kinder schauen begeistert die Bilder an.
„Der indische Tiger gefällt mir am besten!“,
sagt Mia und klickt mit der Maus auf das Bild.

Auf einem anderen Bild entdeckt Mio eine Tigerin.
Sie hat ein Wildschwein erlegt.
Nun frisst sie es in Ruhe unter einem Baum.

Auf einem weiteren Bild sehen die Kinder
einen schlafenden Tiger.
Tagsüber sind Tiger gerne im Schatten.
Erst abends sind sie unterwegs,
wenn es kälter wird, lesen Mia und Mio.

„Da ist ein Tiger im Wasser!“, ruft Mia überrascht.
Auf dem Bild kann man einen Tiger sehen,
der in einem Fluss schwimmt!
„Das müssen wir uns für die Schule merken.“
Mio nimmt ein Blatt und seinen Füller.
Er schreibt: Tiger sind gute Schwimmer.

„Schade, dass Indien so weit weg ist.
Und schade, dass es bei uns keine Tiger gibt!“,
meint Mia.
„Das ist gut so“, sagt Mio.
„Sonst würden wir auf dem Schulweg
einem Tiger begegnen! Nein danke!“
Tiger sind Raubtiere mit einem kräftigen Gebiss.
Wo Tiger leben, dulden sie keine Menschen.
Es kann sein, dass sie angreifen,
wenn Menschen den Tigern nahe kommen.

„Lass uns die tollen Bilder ausdrucken“, sagt Mio.
„Für unsere Mitschüler morgen.“

Der Affe ist los

Es ist ein sonniger Oktobertag.
Mia und Mio haben Ferien.
„Mio, geh bitte mit Mia einkaufen“,
sagt die Mutter.
Sie gibt den Kindern Geld, eine Einkaufsliste
und eine Tasche.

Mit dem Roller sind die Kinder schnell im Dorf.
Neben dem Brunnen sehen sie einen Mann
mit einer Orgel.

Auf seiner Schulter turnt ein kleiner Affe.
Er trägt einen blauen Rolli und rote Turnschuhe.
Der Affe klettert auf die Orgel und winkt.
Ist der aber lustig!, denken Mia und Mio.

Mia wirft Geld in eine Dose auf dem Boden.
„Das ist für den alten Mann und den Affen“,
sagt sie.

„Lass uns schnell einkaufen gehen“, sagt Mio.
„Mama wartet auf uns.“
Mia und Mio gehen in den Laden gegenüber.
Als Mia und Mio hinausgehen,
sehen sie sofort den alten Mann – aber allein.
„Riko ist ausgerissen!“, sagt er besorgt.
„Auf einmal war er fort! Wo kann er nur sein?“
Da kommt eine Frau aus dem Laden gelaufen.
„Ein Affe ist da drin!“, ruft sie aufgeregt.
Mia, Mio und der alte Mann gehen hinein.

Da ist Riko! Auf einer Bananenkiste!
Er futtert in Ruhe eine Banane.
„Los, den Affen holen wir uns!“,
ruft Mio und will Riko fassen.
Aber Riko ist schneller.
Im Nu klettert er auf eine Kiste mit Birnen.
Dabei wirft er eine Flasche um.
Sie fällt klirrend auf den Boden.
„Riko, nein!“, ruft der alte Mann.

Da hat Mia eine Idee. Sie nimmt eine leere Kiste und legt eine Banane hinein. Dann ruft sie:
„Riko, komm! Komm her, Riko!“
Der Affe überlegt eine Sekunde
und klettert dann rasch in die Kiste.
Schnell legt Mia eine andere Kiste darüber.

Nun ist der Affe in einem Käfig.
„Danke, Kinder!“, sagt der alte Mann.
„Bitte, gern geschehen!“, antworten Mio und Mia.
Aber nun müssen die beiden sofort los.
Es wird schon dunkel.
Und Mutter wartet mit dem Essen.

Ein aufregender Traum

Es ist Montagmorgen.

Mio ist in seinem Bett.

Im Arm hält er seinen Kuschel-Wal Orkos.

Auf einmal fällt Mio etwas ein:

Er hat einen aufregenden Traum gehabt.

In dem Traum war Orkos ein lebendiger Wal.

Familie Wal unternimmt einen Ausflug.

Orkos hat aber keine Lust.

„Immer nur mit den anderen mitschwimmen,

das ist total doof!“, mault der kleine Wal.

Er schwimmt ein wenig abseits hinter eine Koralle.
„Komm sofort her, Orkos!
Du sollst bei uns bleiben!“, tadelt seine Mutter.
„Eines Tages schwimmst du mal den falschen Weg.“
„Was soll dann schon sein?“, murrt Orkos
und rollt mit den Augen.
Er hasst es, wenn seine Mutter so besorgt ist.
Gerne würde er alleine herumschwimmen.
Unbemerkt schwimmt Orkos hinter einen Felsen.
Dort wartet er, bis die anderen fort sind.

„Nun sind alle weg!“, ruft Orkos ausgelassen.
„Das ist fabelhaft!“
Der kleine Wal ist froh über seine neue Freiheit.
Er entdeckt allerlei farbenfrohe Fische.
Und es gibt haufenweise Algen.
Die sehen aber interessant aus, findet Orkos.
Mutig schwimmt er direkt hinein.

Auf einmal wird es dunkel um den kleinen Wal.
Er ist in einem Algenwald.
Das ist aber gruselig, denkt er. Schnell raus!

Orkos will weiter.
Die Frage ist nur – wo sind die anderen?
Orkos überlegt einen Augenblick.
„Entschuldige, hast du eine Walfamilie gesehen?“
fragt er einen gelben Fisch.

„Nein, tut mir leid!“, blubbert der Fisch.
Orkos wird unruhig, weil es dunkel ist.
Was soll er nur tun? Wo sind die anderen?
Das war alles keine gute Idee, denkt Orkos.
Fast hätte der kleine Wal aufgegeben.

Aber da, was ist das? Ein Ton!
Er wird immer lauter und kommt näher.
Orkos schwimmt dem Ton entgegen.
Auf einmal kann er seinen älteren Bruder sehen.
Dann erkennt er seine Mutter.
„Gott sei Dank, Orkos, da bist du!
Wir waren alle so in Sorge!“, ruft sie.
„Tut mir leid“, sagt er kleinlaut.
Er ist froh, dass er seine Familie gefunden hat.

„Mio, wo bleibst du?“, ruft seine Mutter ungeduldig.
„Du musst in die Schule! Mia ist schon fertig!“
Mio legt seinen Kuschel-Wal unter die Decke.
„Du darfst weiterschlafen!“, sagt er. „Bis bald!“

Übersicht der Ankertiere zu den verwendeten Lauten

A a

Affe

Au au

Auerhahn

Ä ä

Känguru

B b

Bär

D d

Delfin

E e

Elefant

Ei ei

Eichhörnchen

F f

Fisch

G g

Gans

H h

Hase

I i

Igel

K k

Kakadu

L l

Löwe

M m

Maus

N n

Nashorn

O o

Orang-Utan

R r

Reh

S s

Seepferdchen

Übersicht der Ankertiere zu den verwendeten Lauten

Sch sch

Schildkröte

T t

Tiger

U u

Uhu

Ü ü

Kühe

W w

Wal

Eisbär
Lachs
Kühe
Bär
Seehund
Eule
Nordamerika
Maus
Eichhörnchen
Wal (Orka)
Igel
Reh
Katze
Qualle
Boxer
Chamäleon
Delfin
Seepferdchen
Storch
Schildkröte
Zebra
Papagei
Schlange
Kröte
Jaguar
Südamerika
Lama
N
W
O
S
Pottwal